अरे ये कैसे नेता हैं भाई !

राहुल रॉस वर्मा

गुरुर्ब्रह्मा गुरुर्विष्णुः गुरुर्देवो महेश्वरः ।

गुरुः साक्षात् परं ब्रह्म तस्मै श्री गुरवे नमः ॥

मैं धन्यवाद करता हूँ इस घटिया समाज को और इस समाज का नेतृत्व करने वाले चालाक नेताओं को , क्योंकि उन्होंने आज राजनीति और स्वयं की ऐसी छवि बनाई है जिसकी इस समाज में कोई इज़्ज़त नही है ।

मैं यह पुस्तक मेरे आदरणीय शिक्ष कगण और माता-पिता को समर्पित करता हूँ।

भूमिका

चिंता होती है देश के भविष्य के बारे में सोचकर और इसके हालात देखकर । माफ़ कीजियेगा लेकिन जिस तरह कबूतर के आँखें बंद कर लेने से मुसीबत उसके सामने से गायब नही हो जाती उसी तरह देश और समाज की वाहवाही करने से यह साबित नही हो जाता कि हम एक महान देश और अच्छे समाज में रह रहें हैं । अगर इस देश और समाज में परिवर्तित लाना है तो पहले इसकी खामियाँ ढूँढ़नी होंगी और उन खामियों में सबसे बड़ी खामि यह विषय है जिसपर कविता आधारित है ।

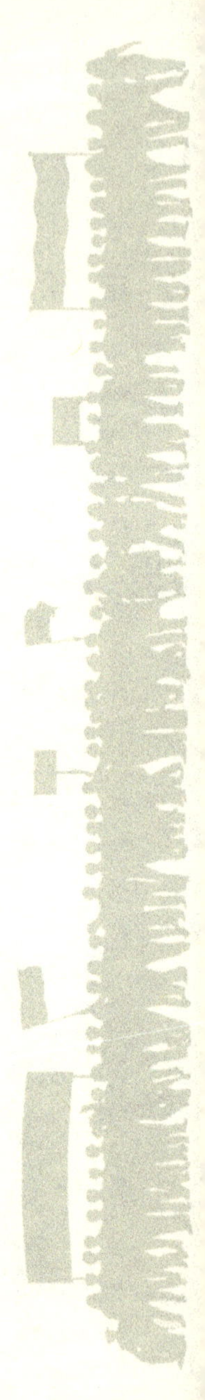

अरे ये कैसे नेता हैं भाई !

क ख ग घ च छ ज झ,
कुछ भी इनके समझ न आया।

जब-जब गए पढ़ने स्कूल,
मास्टर ने ले छड़ी दौड़ाया।

पढ़ने की करी खूब ही कोशिश ,
पर अकल ज़रा सिर में न आयी।
अरे ये कैसे नेता हैं भाई !

खेल-खेल के कंचे-वंचे,
खूब किया लोगों से झगड़ा।

घुमा-घुमा के डंडा-वंडा,
कभी इसको रगड़ा कभी उसको रगड़ा।

मिलती इनको रोज़ ही गाली,
लेकिन कभी भी शर्म न आयी।
अरे ये कैसे नेता हैं भाई !

बचपन से था सिर में भूसा,
हिंसा ही था इनका धर्म।

देखी गरीबी और खूब गरीब,
पर कभी न समझा उनका मर्म।

भूख-प्यास से मरा गरीब,
पर दया कभी न इनको आयी।
अरे ये कैसे नेता हैं भाई !

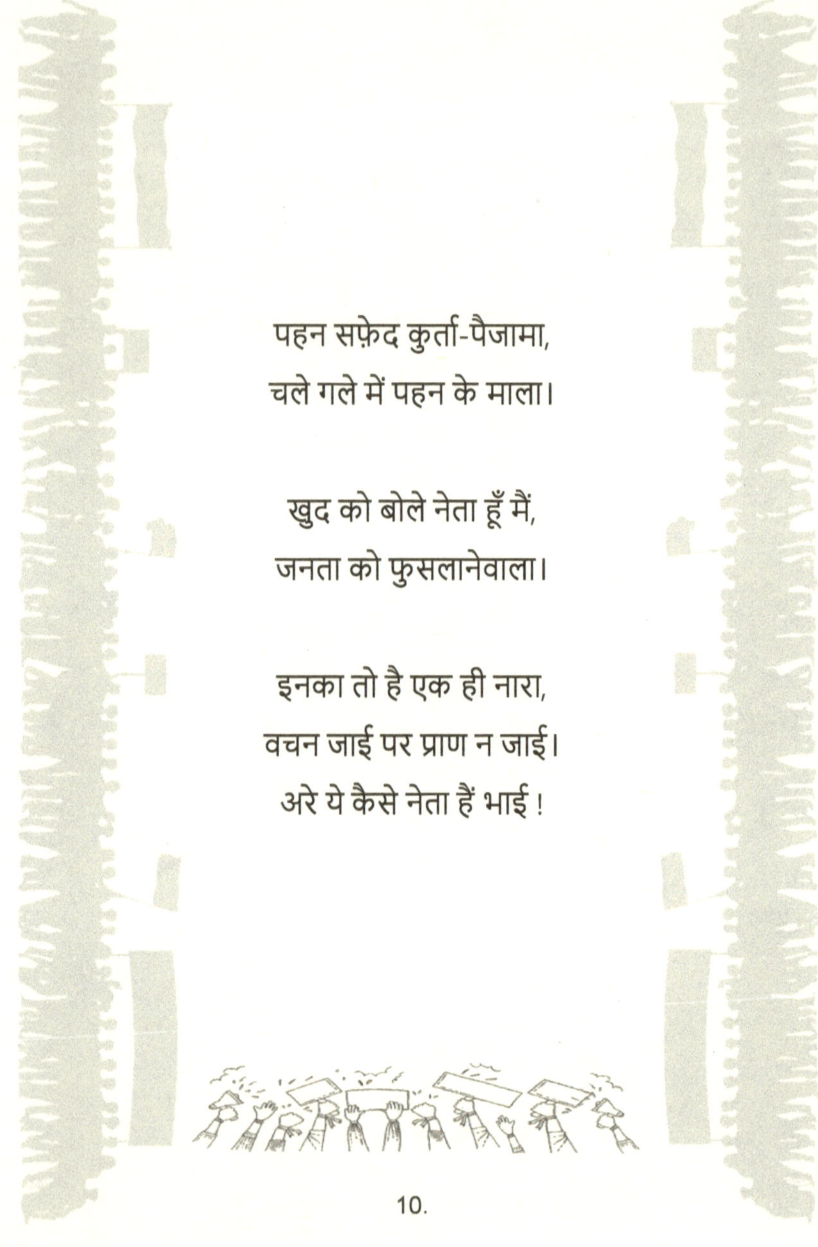

पहन सफ़ेद कुर्ता-पैजामा,
चले गले में पहन के माला।

खुद को बोले नेता हूँ मैं,
जनता को फुसलानेवाला।

इनका तो है एक ही नारा,
वचन जाई पर प्राण न जाई।
अरे ये कैसे नेता हैं भाई !

कौन है पंडित कौन है ठाकुर,
इस बटवारे मे हैं आगे।

पैसा ही है इनका सब कुछ,
ये तोड़ें सब रिश्तों के धागे।

दुनिया छोटी इनकी खातिर,
सबसे बड़ी है लक्ष्मी माई।
अरे ये कैसे नेता हैं भाई !

बचपन से थे ये लंगूर,
देश-विदेश समझ न आया।

करके लोगों से पंगे-वंगे,
जैसे-तैसे कदम जमाया।

खूब हुए जब दंगे-वंगे,
तब की दंगो की अगुवाई।
अरे ये कैसे नेता हैं भाई !

वोट मांगने की खातिर,
हाथ जोड़कर सिर को झुकायें।

बाहर खुद को राम दिखाएँ,
पर मन में दानव को छिपायें।

ऐसे रूप हज़ारों इनके,
जो जनता कभी देख न पायी।
अरे ये कैसे नेता हैं भाई !

एक नही गिनती में कई,
बंगले गाड़ी इनके पास।

देश को उन्नत करना इनको,
पर करते खुद का ही विकास।

लूट-लूट के जेबें सबकी,
लाखों की संपत्ति बनाई।
अरे ये कैसे नेता हैं भाई !

फिकर हमेशा कुर्सी की,
ये कुर्सी के सपनों में खोए।

हरदम कुर्सी-कुर्सी करते,
लोग भले सड़को पर रोएँ।

बस खुद के सपने प्यारे लागें,
जनता के सपनों की करी धुनाई।
अरे ये कैसे नेता हैं भाई !

कभी बतायें राम स्वयं को,
कभी बतायें खुद को कृष्णा।

ना राम को जानें, ना कृष्ण को जानें,
बस मन में सत्ता की तृष्णा।

मन में आग लगी सत्ता की,
जो इनकी कभी बुझ ना पाई।
अरे ये कैसे नेता हैं भाई !

धर्म का पाठ पढ़ाते हरदम,
पर धर्म तनिक भी ना जानें।

मानवता को हरने वाले,
चले धर्म का ज्ञान बताने।

झूठा ज्ञान ही जाने हैं ये,
और झूठी बातें सबको बतलाई।
अरे ये कैसे नेता हैं भाई !

ये धर्म पुजारी भ्रष्टाचारी,
झूठे वादों के हैं व्यापारी।

नेता सारे एक ही जैसे,
सब लूटें हैं बारी-बारी।

फिर भी जनता क्यों ना समझे,
इन चालू लोगों की चतुराई।
अरे ये कैसे नेता हैं भाई !

खूब बजाते बत्ती लाल,
चलते मौज मनाते।

जब भी निकले रेला इनका,
सब रस्ते खाली हो जाते।

जिस भी रस्ते से ये गुजरें,
हर रस्ते पर धौंस जमाई।
अरे ये कैसे नेता हैं भाई !

हालत सब रस्तों की जर्जर,
क्या जाने नेता चौपहिया वाले।

गड्ढों में रस्ते हैं सारे,
जिसमे गिरते दुपहिया वाले।

जर्जर हालत सारे रस्तों की,
इनकी आँखों को दिख न पाई।
अरे ये कैसे नेता हैं भाई!

ज़ोर-ज़ुल्म अन्याय देखकर,
सरकारी अफसर चुप रहते।

नेता जी की इच्छा जितनी,
ये उससे ज्यादा कुछ न करते।

सही-गलत से मतलब कुछ न,
सब खुद के मन की करवाई।
अरे ये कैसे नेता हैं भाई !

हिम्मत कर आवाज़ उठाकर,
यदि इनको कोई गलत बताये।

तब अपनी इज़्ज़त रखने खातिर,
ये देश द्रोह इलज़ाम लगायें।

असली द्रोही तो घर में इनके,
जिसको इन्होने चाय पिलाई।
अरे ये कैसे नेता हैं भाई !

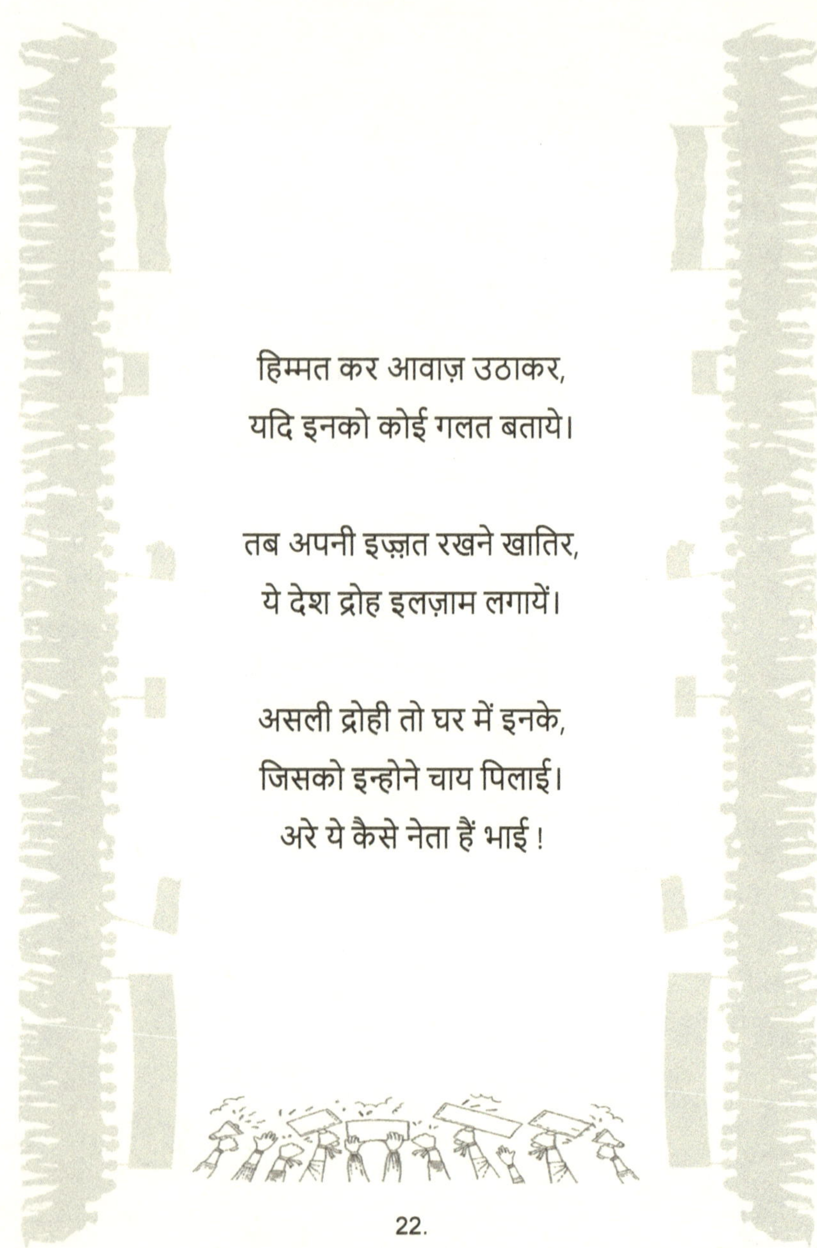

हरदम कर देते घोटाले,
फिर भी कभी न पकड़ में आते।

जनता जब कुछ पूँछे है इनसे,
ये आपस में इल्ज़ाम लगाते।

इसकी टोपी उसके सर,
ये फितरत इनकी बदल न पाई।
अरे ये कैसे नेता हैं भाई !

अनपढ़, अज्ञानी, अभिमानी,
जाने कैसे देश चलाते।

पढ़े लिखे हैं अफसर जितने,
वे सब इनको शीश नवाते।

ये पढ़े लिखों पर रौब जमाते,
पर खुद तो कभी न करी पढ़ाई।
अरे ये कैसे नेता हैं भाई !

खुद के देश का हाल ना जाने,
पर देश-विदेश ये रोज़ ही घूमें।

देश की चिंता क्या करना है,
देश के युवक मौज में झूमें।

जेबें हर युवक की खाली।
जो इनको कभी नज़र न आई।
अरे ये कैसे नेता हैं भाई !

कानून नियम ये कुछ ना जानें,
जेब में रखते खाकी वाले।

खुद को सबसे ऊपर समझें,
खाकी के बनते हैं रखवाले।

ये हर सिस्टम के जिम्मेदार,
पर जिम्मेदारी नही निभाई।
अरे ये कैसे नेता हैं भाई !

लोकतंत्र के खंभे जितने,
मीडिया उसमे नंबर चार।

सत्य ही कहना धर्म है जिसका,
उसमे घुसा दिया है भ्रष्टाचार।

जो व्यक्ति सच कहना चाहें,
उस पर कार्रवाई करवाई।
अरे ये कैसे नेता हैं भाई !

पत्रकार के सिर पर बैठे,
अपनी वाह-वाही ये खूब कराते।

जेब में रुपये आते ही,
पत्रकार भी झूठ बताते।

रिश्वतखोरी कर-कर के ही,
सच्ची बातें खूब छिपाई।
अरे ये कैसे नेता हैं भाई !

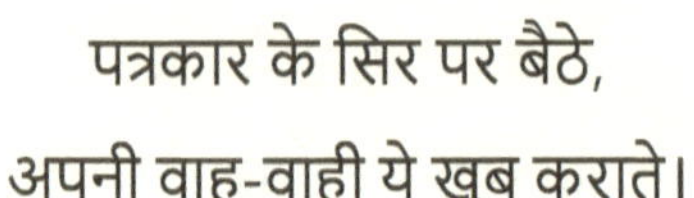

बेअदबी रग-रग में इनके,
सीधे मुँह ये ना बतियाते।

इनसे मदद माँगने जो भी जाता,
उसको अपना रंग दिखाते।

ये कहते सबकी मदद करेंगे,
पर कभी किसी ने मदद न पाई।
अरे ये कैसे नेता हैं भाई !

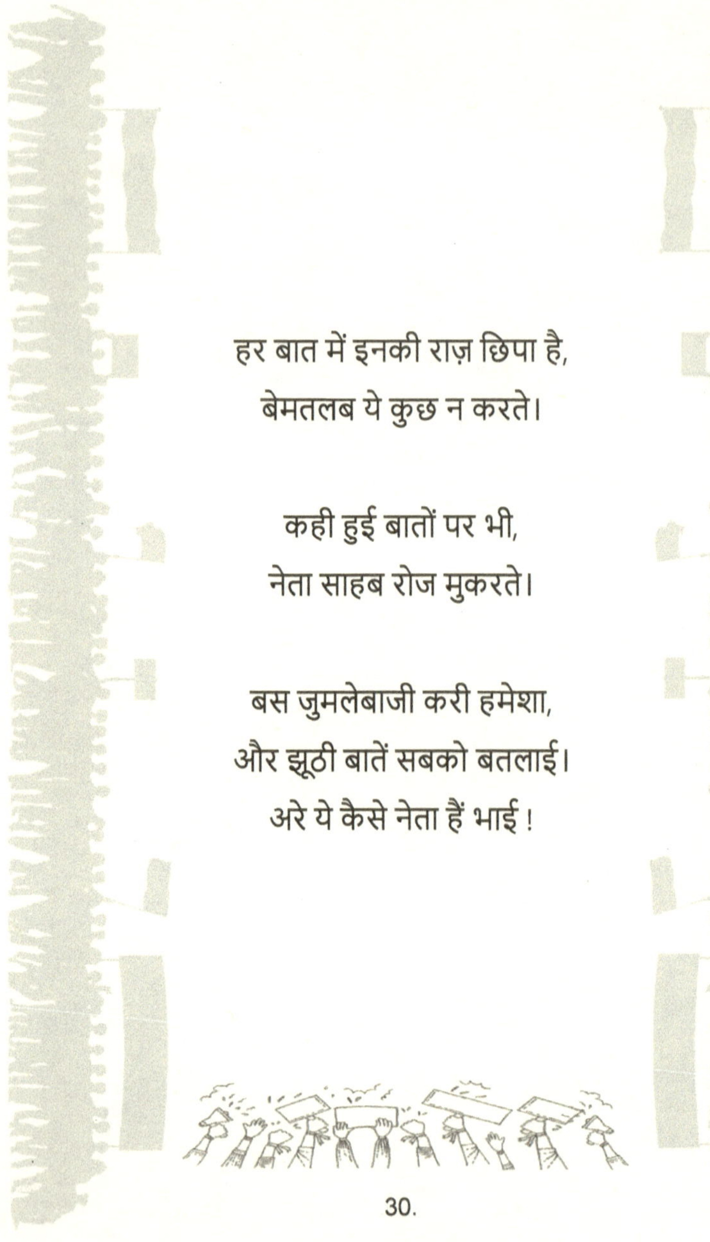

हर बात में इनकी राज़ छिपा है,
बेमतलब ये कुछ न करते।

कही हुई बातों पर भी,
नेता साहब रोज मुकरते।

बस जुमलेबाजी करी हमेशा,
और झूठी बातें सबको बतलाई।
अरे ये कैसे नेता हैं भाई !

इक ख़ूबी है इनके पास,
ये आंधी-तूफाँ जेब में रखते।

चिंगारी है कहाँ-कहाँ पर,
यह जाने ख़ातिर ख़ूब भटकते।

बुझी हुई थी आग जहाँ पर,
वहाँ नेता जी ने आग लगाई।
अरे ये कैसे नेता हैं भाई !

दसवीं पास करी न जिसने,
वे शिक्षा मंत्री बने हुए हैं।

पढ़े लिखे लोगों के आगे,
तान के सीना खड़े हुए हैं।

जिस विद्या की पूजा होती,
गर्दन उसी विद्या की दबाई।
अरे ये कैसे नेता हैं भाई !

तीन जरूरत जीवन की हैं,
रोटी, कपड़ा और मकान।

ये सब नेता जी ही खाते,
फिर भी मेरा देश महान।

रोटी - कपड़ा क्या ही देंगें,
बस तकलीफें घर-घर पहुंचाई।
अरे ये कैसे नेता हैं भाई !

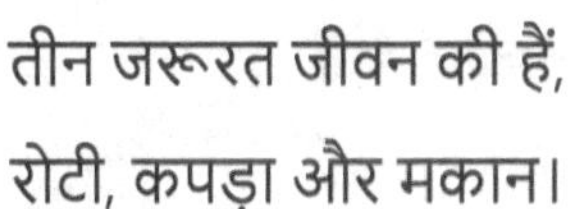

तकलीफ भरी सबके जीवन में,
ये सब जन के जाने हालात।

जनता खाये सूखी रोटी,
ये पेल के खायें मुर्गा-भात।

रोटी राशन देने वालों ने,
खुद छीन के सबकी रोटी खाई।
अरे ये कैसे नेता हैं भाई !

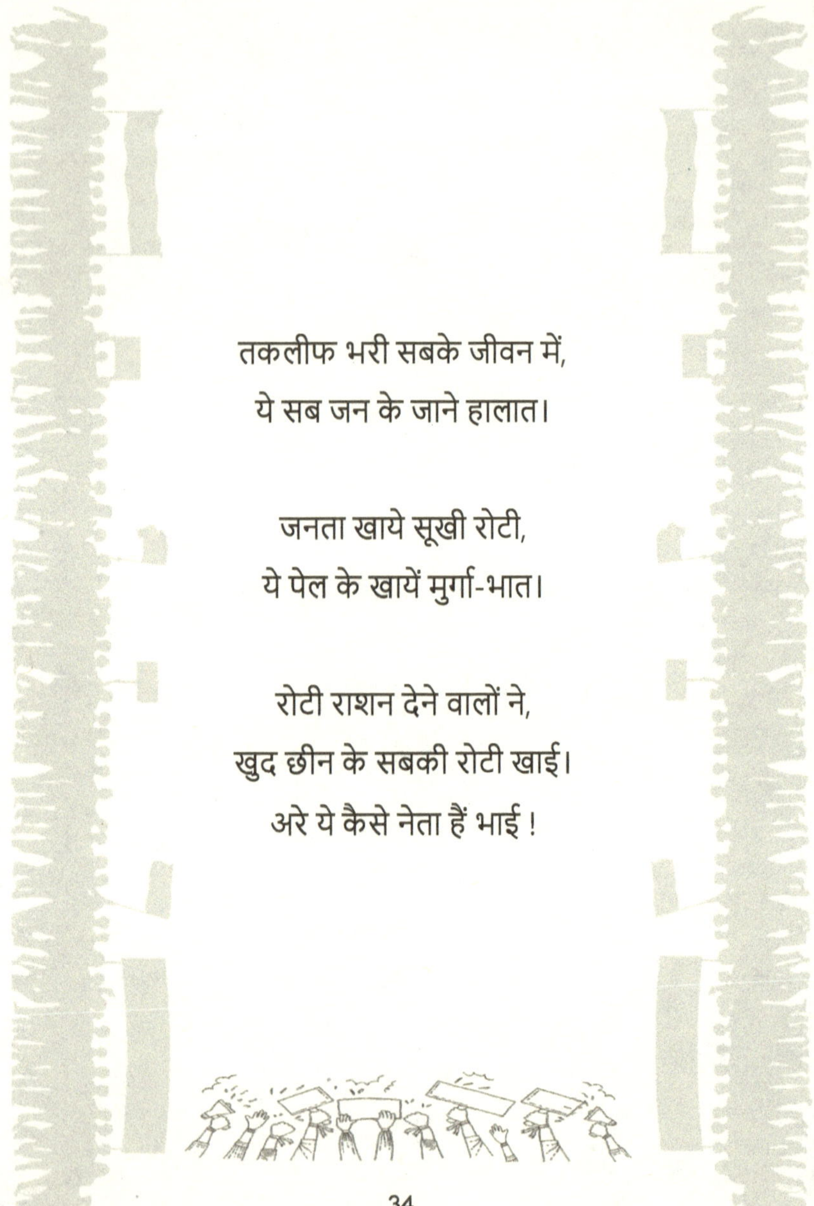

खूब किए हैं धूम-धड़ाके,
खूब चलायी कट्टा-गोली।

खड़ा हुआ जो चीर के सीना,
खून से उसके खेली होली।

अगर किसी ने आवाज़ उठायी,
तो उसकी तो शामत आयी।
अरे ये कैसे नेता हैं भाई !

ठोंक के सीना कहते सबको,
भ्रष्टाचार मिटायेंगे हम।

खुलेंगी पहले पोलें इन्ही की,
अगर बढ़ाया एक कदम।

चोर बसा है मन में इनके,
और झूठ-फरेब तो कभी न जाई।
अरे ये कैसे नेता हैं भाई !

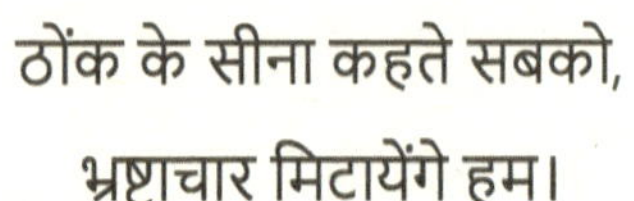

बन जायेंगे जब ये नेता,
खूब भरेंगे जेब में पैसा।

जिनके कल का अता-पता न,
सोचो देश बनाएंगे वो कैसा।

मक़सद इनका सिर्फ पैसा है,
बस पैसे की ही करी छपाई।
अरे ये कैसे नेता हैं भाई !

अपराधी थे इनके मित्र,
जिनके संग जलाई बीड़ी।

चोर बने इक-दूजे के साथी,
तब मिल पायी नेता बनने की सीढ़ी।

अय्यासी है खूब रग़ों में,
जिसमे बहती नकली स्याही।
अरे ये कैसे नेता हैं भाई !

पार समुन्दर जाना है,
यह सबको समझाते हैं।

बनकर हर मुद्दे का अगुआ,
खुद पीछे हो जाते हैं।

लोमड़ी जैसी फितरत इनकी,
जो जनता कभी समझ न पायी।
अरे ये कैसे नेता हैं भाई !

जितने ढोंगी भरे हैं जग में,
सब हैं इनके हिस्सेदार ।

लूट-पाट और मारा-मारी,
ये हैं इनके प्रिय व्यापार।

ढोंगी बाबा सब बापू इनके,
और ये उनके हैं अनुयायी।
अरे ये कैसे नेता हैं भाई !

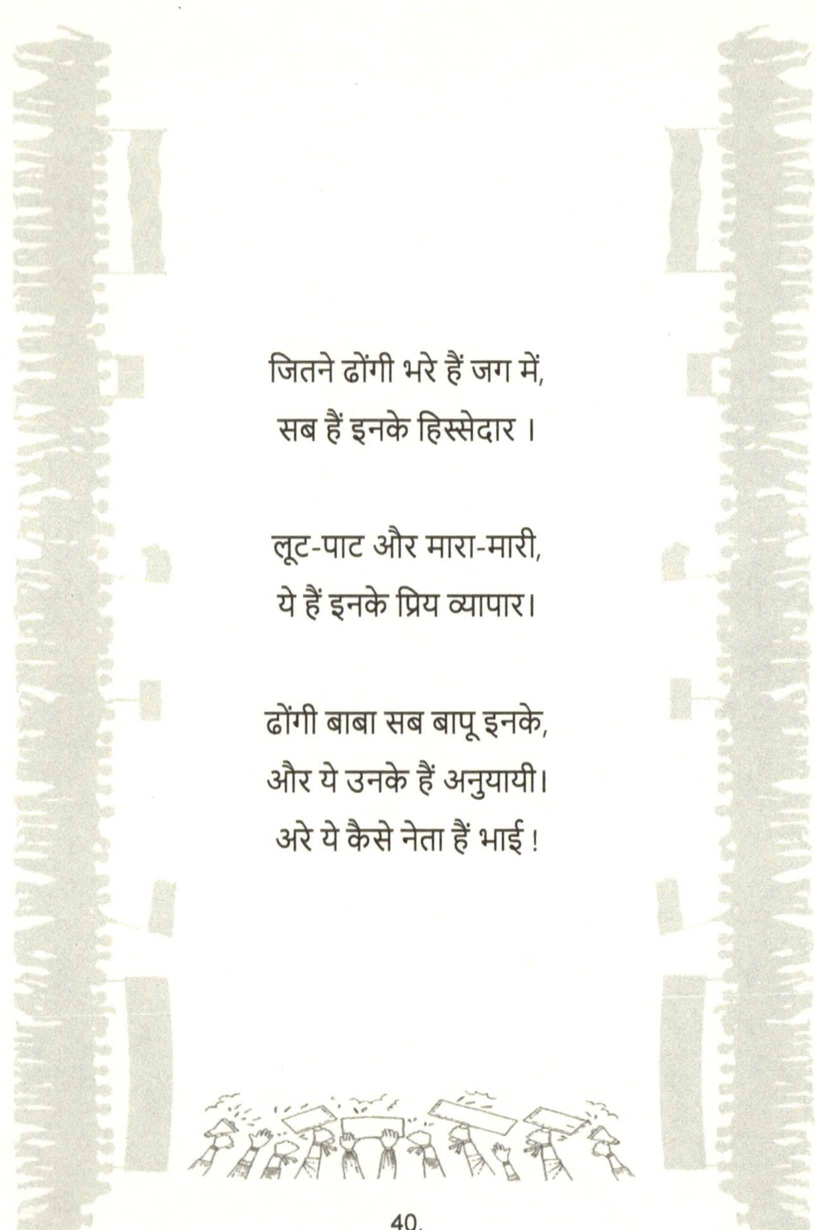

खूब बताएँ खुदको ज्ञानी,
पर ज़रा नही है इनमे ज्ञान।

लेकर चल पड़ते तलवारे,
खाली कर डाली सब म्यान।

ले तलवार चले झगड़ो में,
इसपर-उसपर खूब चलायी।
अरे ये कैसे नेता हैं भाई !

मर रही जनता भूखी-प्यासी,
पर इनको कुछ न दिखता है।

नेता नगरी धंधा है इनका,
इस धंधे में सब बिकता है।

भूख-प्यास जनता की जो है,
बेच के उसको करी कमाई।
अरे ये कैसे नेता हैं भाई !

जनता को है इनसे आश,
कि हर तकलीफ मिटायेंगे ये।

पर लूट-लूट के पैसा उनका,
खुद का पेट फुलायेंगे ये।

जनता सबसे बड़ी है मूरख,
जो इनको कभी समझ न पायी।
अरे ये कैसे नेता हैं भाई !

नेता नहीं लूटेरे हैं ये,
सब लूट-पाट के खाते हैं।

जनता जो है भोली-भाली,
हरदम उसको फुसलाते हैं।

लोगों को लूटे न जबतक,
तबतक रात में नींद न आई।
अरे ये कैसे नेता हैं भाई !

नवयुवक सब बैठे नल्ले,
कुछ भी उनके समझ न आए।

ले बैठे हैं सारी डिग्री ,
फिर भी कोई नौकरी न पाए।

करते उनसे झूठे वादे,
और कहते करो खूब पढ़ाई।
अरे ये कैसे नेता हैं भाई !

पढ़े लिखे जो है सब अफसर,
उनकी बंद कर दी आवाज़।

क्या फ़ायदा है पढ़-लिख कर के,
जब अंगूठा छाप ही करेंगे राज।

कोई न बोले विपक्ष में इनके,
और न कभी किसी ने आवाज़ उठाई।
अरे ये कैसे नेता हैं भाई !

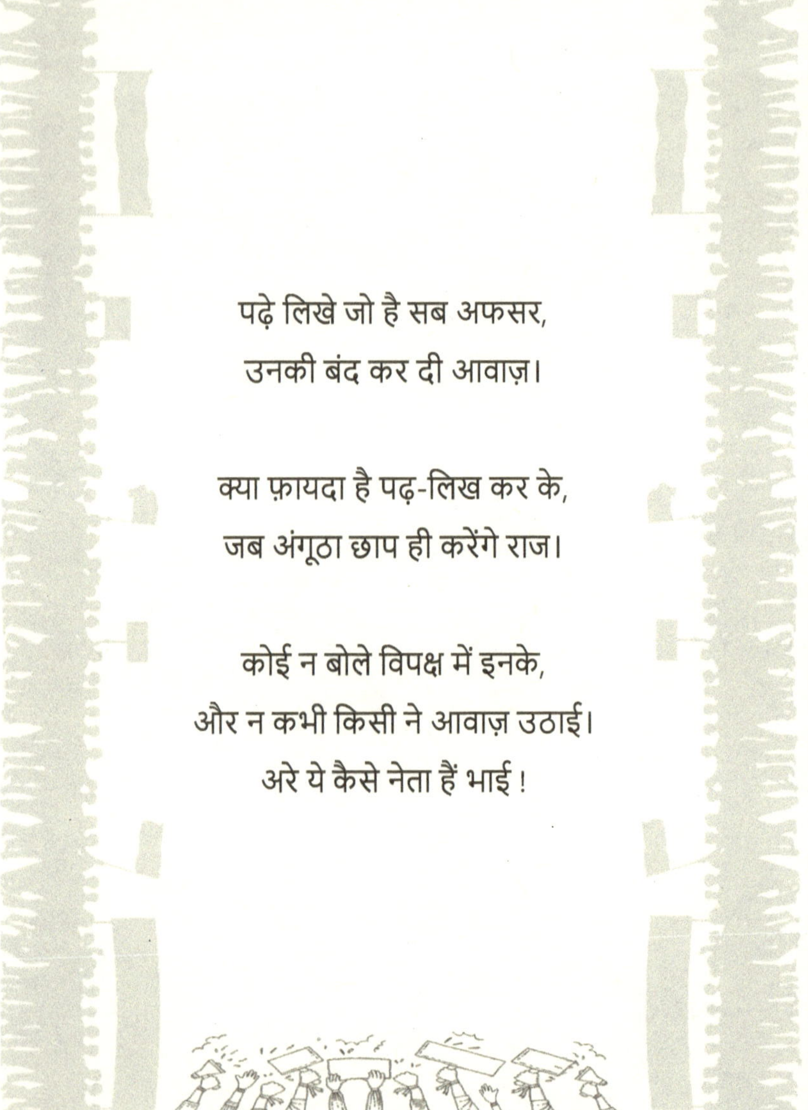

सिकुड़ गयी तब लाखों हड्डियाँ ,
जब खूब किया सर्दी ने तंग।

पास नहीं थे कपड़े जिनके ,
कहाँ छिपाएँगे वो अंग।

सोती नहीं हैं लाखो आँखे ,
खुद सोते करके डबल रजाई।
अरे ये कैसे नेता हैं भाई !

मंदिर, मस्जिद, गिरिजाघर ,
सब में अंतर करने वाले।

बाहर से कुछ और ही दिखते,
मन के ये सब हैं काले।

ईश्वर-अल्लाह ये कुछ न समझें,
और न समझें कोई ख़ुदाई।
अरे ये कैसे नेता हैं भाई !

धर्मप्रचारक जो हैं वे सब,
माने इनके हर-एक इशारे ।

झूठी माला पहने बैठे जो,
उन साधु-संत के ये रखवारे।

मिल-बाट के करते हैं सब धंधे,
और आपस में बांटे हैं कमाई।
अरे ये कैसे नेता हैं भाई !

घूम रहे थे जो आवारा,
करके उन सबको इक साथ।

करते आपस में जो झगड़े,
वे आज मिलाये हाथ से हाथ।

शामिल कर इन लोगों को दल में,
संख्या खुद के दल की बढ़ाई।
अरे ये कैसे नेता हैं भाई !

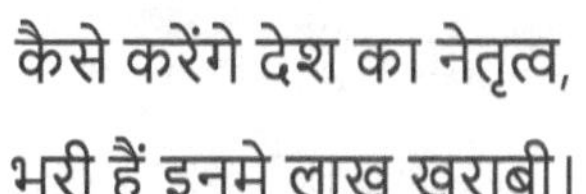

कैसे करेंगे देश का नेतृत्व,
भरी हैं इनमे लाख खराबी।

इनमे भरे हैं लाखों चोर,
और कई इनमे से हैं शराबी ।

न ही कोई अस्तित्व था इनका,
रही बची सब शान गवाई।
अरे ये कैसे नेता हैं भाई !

जनता भूखी मर जाएगी,
जब तक नेता होंगें ऐसे।

इतना तक तो जाने न हैं,
कि दो-दो चार हुए हैं कैसे।

आता-जाता कुछ न इनको,
पर करते खुद की खूब बड़ाई।
अरे ये कैसे नेता हैं भाई !

जीप में हरदम चलने वाले,
गली मोहल्ले पैदल चलते।

जितने रंग बदलता गिरगिट,
ये उससे ज्यादा रंग बदलते।

काम किया है रत्ती भर ना,
इधर-उधर बस जीप घुमाई।
अरे ये कैसे नेता हैं भाई !

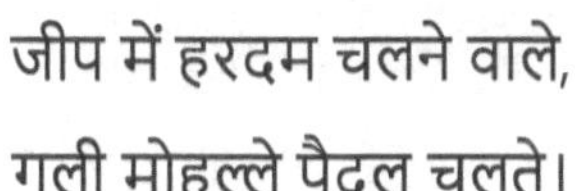

जनता को अपना कहने वाले,
जनता की ही ना सुनते हैं।

जो बात इन्हे कहनी है सबसे,
उन बातों के धागे बुनते हैं।

लोगों के मन की क्या जानें ये,
हरदम अपने मन की ही सुनाई।
अरे ये कैसे नेता हैं भाई !

जिस घर की हालत है जर्जर,
उस में नेता कभी न जाते।

वोट माँगने की खातिर ये,
घर-घर घुसके शीश झुकाते।

जिस घर का पानी पिया कभी न,
आज उसी घर रोटी खाई।
अरे ये कैसे नेता हैं भाई !

खड़े मंच पे ताने सीना,
हाथ में लेकर माइक बोलें।

सारी बातें कह डालेंगे,
असली बातें कभी न बोलें।

कोई न समझे इनकी बातें,
इन्होने सारी बातें गोल घुमाई।
अरे ये कैसे नेता हैं भाई !

बेफिज़ूल के दंगे-झगड़े,
सब इनकी इच्छा से होते।

जिनका कुछ लेना - देना न,
वे भी बिन मतलब हैं रोते।

ये सारे झगड़ों के अगुआ हैं,
और हर पंगे की करी अगुआई।
अरे ये कैसे नेता हैं भाई !

मार-कुटाई, चोरी हत्या,
चाहें जो कुछ भी हो जाए।

ये नेता जी की जिम्मेदारी,
पर नेताजी कुर्सी को बचाएँ।

चोरी हत्या दिखी कभी न,
बस खुद की कुर्सी दिख पाई।
अरे ये कैसे नेता हैं भाई !

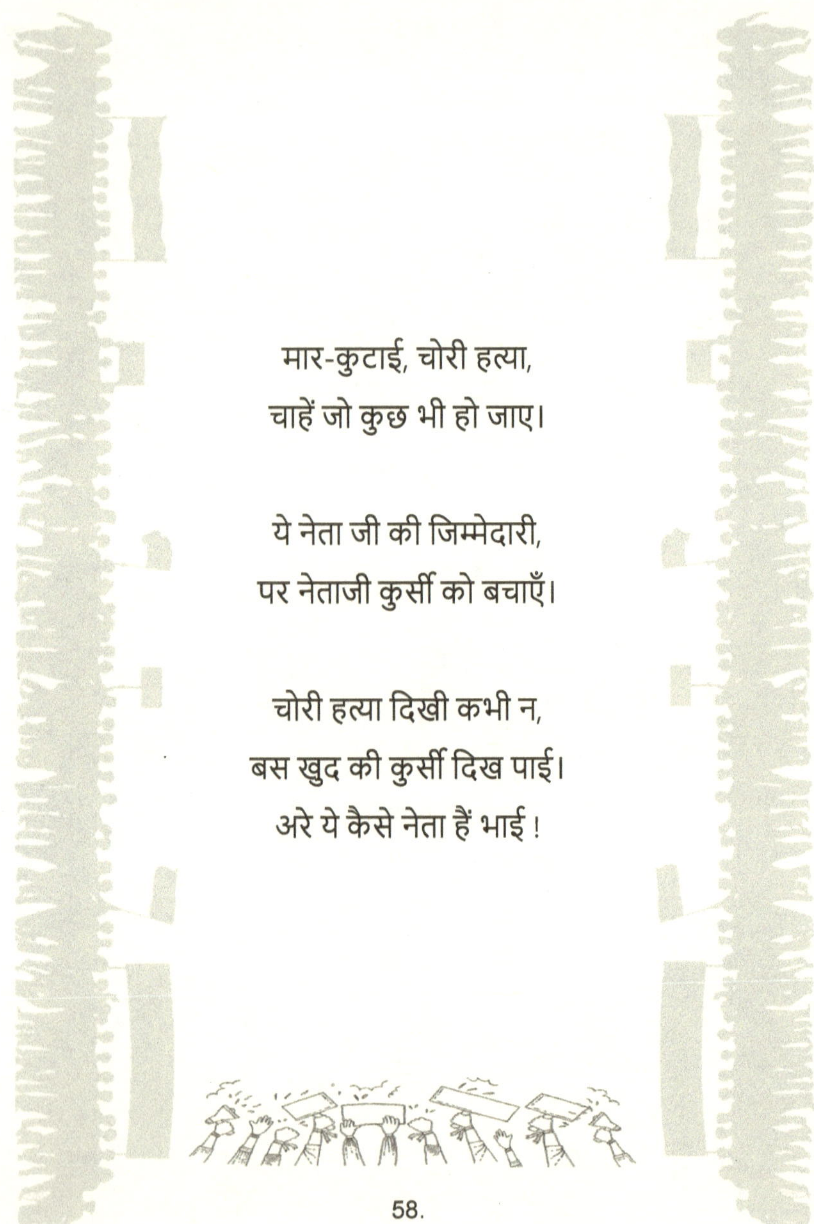

जनता से मिलने जाएंगे न,
क्योंकि वक़्त नहीं है इनके पास।

उस व्यापारी से मिलने जाएँ,
जेब में पैसे जिनके पास।

ये रोज ही बैठें घर में उनके,
और शाही रोटी खूब ही खाई।
अरे ये कैसे नेता हैं भाई !

लाखों के हैं कपड़े इनके,
पर जनता पहने फ़टे पुराने।

फाइव स्टार की सुविधा वाले,
क्या ही भूँख-गरीबी जाने।

भरी रईसी मन में इनके,
जो इनने हरदम दिखलाई।
अरे ये कैसे नेता हैं भाई !

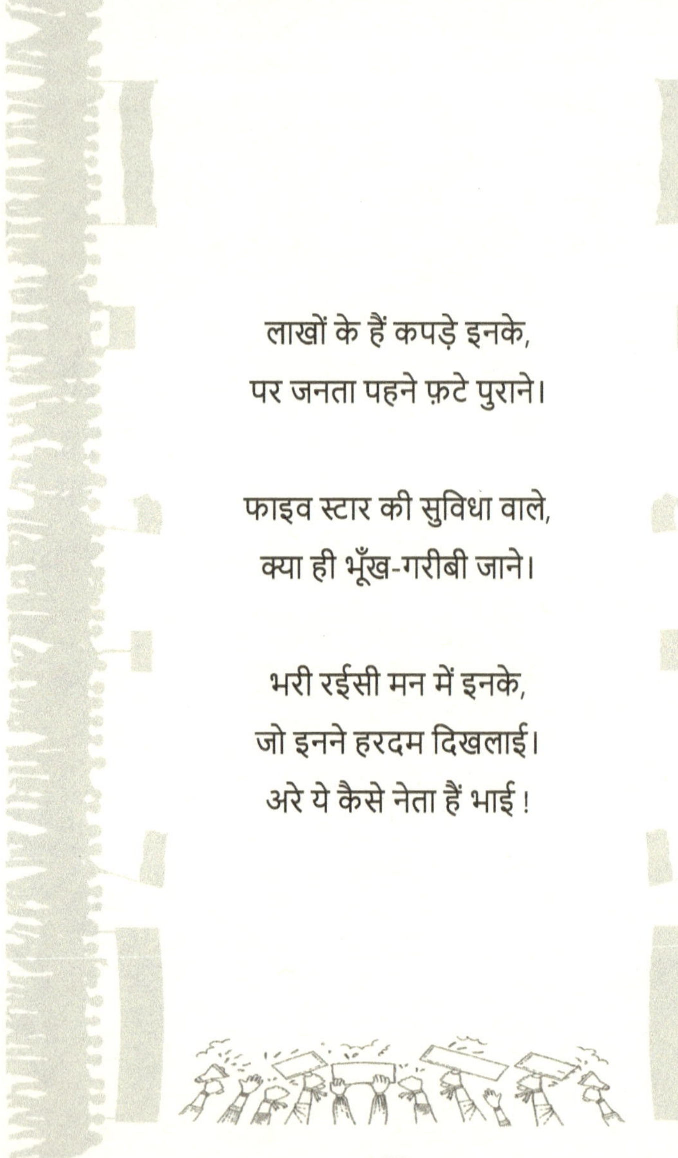

जनता को मिले न राशन-पानी,
पर खुद बन बैठे हैं अम्बानी।

कुछ जिम्मेदारी जाने न हैं,
बस करते रहते आनाकानी।

यही कहानी सब नेता की,
और यही इन्होंने छवि बनाई।
अरे ये कैसे नेता हैं भाई !

धर्मयुद्ध करवाने वाले,
चिंगारी भड़काने वाले।

इसकी जाति, उसकी जाति,
सबकी जाति बताने वाले।

ये मन ही मन कहते है सबसे,
कि कटो-मरो और करो लड़ाई।
अरे ये कैसे नेता हैं भाई !

सब बिल्लियों के झगड़ों में,
बिल्ली के हाथ न कुछ आएगा।

जाति-धर्म का खेल दिखाकर,
बन्दर सबकुछ ले जायेगा।

नेता जी होंगे सही-सलामत,
पर जनता करेगी हाथापाई।
अरे ये ऐसे नेता हैं भाई !

धन्यवाद।

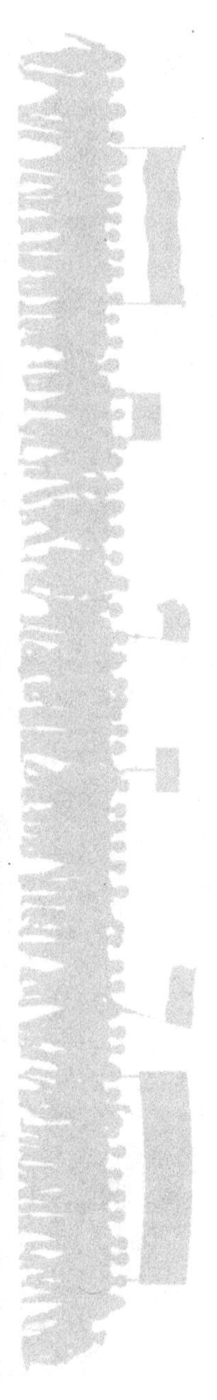